Ursel Scheffler

Der Spion
unterm Dach

Illustriert von Christa Unzner

Hase und Igel®

Für Lehrkräfte gibt es zu diesem Buch
ausführliches Begleitmaterial beim Hase und Igel Verlag.

Dieses Buch erschien erstmals 1997 im Nord-Süd Verlag,
Gossau, Zürich und Hamburg.

© 2005 Hase und Igel Verlag GmbH, München
www.hase-und-igel.de
Druck: Grafisches Centrum Cuno GmbH & Co. KG

ISBN 978-3-86760-103-0
6. Auflage 2022

Inhalt

1. Seltsame Gestalten

Es ist finster und die meisten Leute in der Klappengasse 7 schlafen schon. Nur Moritz Plustermann kann nicht schlafen. Er hat zu viel Pflaumenkuchen gegessen. Deshalb geht er noch mal ins Badezimmer.

Als Moritz wieder in sein Bett klettern will, hört er Stimmen auf der Straße. Er läuft ans Fenster.

Vor dem Haus parkt ein Lastwagen.
Zwei Männer in blauen Arbeitshosen
steigen aus. Sie öffnen die Ladeklappe
und laden seltsame Gegenstände ab.
Die schleppen sie zum Hauseingang.

Zu wem sie die komischen Sachen
wohl bringen? Mitten in der Nacht!

Jetzt hört Moritz die Männerstiefel
auf der Treppe.

Moritz läuft zur Wohnungstür. Er ist acht und gerade groß genug, dass er an den Türspion heranreicht. Das ist ein Guckloch in der Tür, durch das er hinaussehen kann, ohne dass er gesehen wird.

Jetzt laufen die Männer an der Tür vorbei. Sie haben dunkle Haare und einer hat einen Bart. Moritz drückt sich die Nase platt, um alles möglichst genau zu sehen. Die Schritte entfernen sich.

Moritz schlüpft ins Treppenhaus. Er klemmt seinen Hausschuh in die Wohnungstür, damit sie nicht zufällt.

Oben werden die Männer erwartet. Moritz hört Stimmen. Sie reden in einer Sprache, die Moritz nicht versteht.

Eine der Stimmen gehört dem seltsamen Mann, der vor einigen Tagen unterm Dach eingezogen ist. Er läuft immer mit Hut und Handschuhen herum. Und er trägt ständig eine Sonnenbrille.

Ziemlich verdächtig, findet Moritz. Moritz liest leidenschaftlich gern Krimis und Abenteuergeschichten.

Wer weiß, was der da oben unter dem Dach treibt!

Nach ein paar Minuten hört Moritz wieder die Stufen knarren. Die Männer kommen herunter. Alle drei. Schnell zurück in die Wohnung!

Moritz sieht sie an seinem Türspion vorbei-huschen. *Boah!* Ist das aufregend!

Moritz rennt wieder ans Fenster.
Die Männer laden eine schwarze
Kiste ab, die wie ein Sarg aussieht.
Sie tragen sie ins Haus.

Moritz läuft zurück in den Flur. Als die
Männer den Sarg stöhnend und polternd
an seiner Tür vorbeitragen, kann Moritz
nur ihre Köpfe erkennen. Den Sarg sieht
er nicht.

Wozu braucht der Mann unter dem Dach
einen Sarg? Und weshalb liefert man ihn bei
Nacht ins Haus? Sehr verdächtig …

Leider kann Moritz nicht alles genau sehen,
was abgeladen wird. Ein langes, blitzendes
Rohr interessiert ihn allerdings besonders.
Sieht fast wie eine Kanone aus! Ob der
Mann in der Dachwohnung ein Waffen-
händler ist?

Endlich hört das Knarren der Schritte auf der Treppe auf. Der Lastwagen ist leer. Die Männer stehen noch eine Weile vor dem Haus und unterhalten sich. Ab und zu leuchtet die Glut einer Zigarette wie ein Glühwürmchen auf.

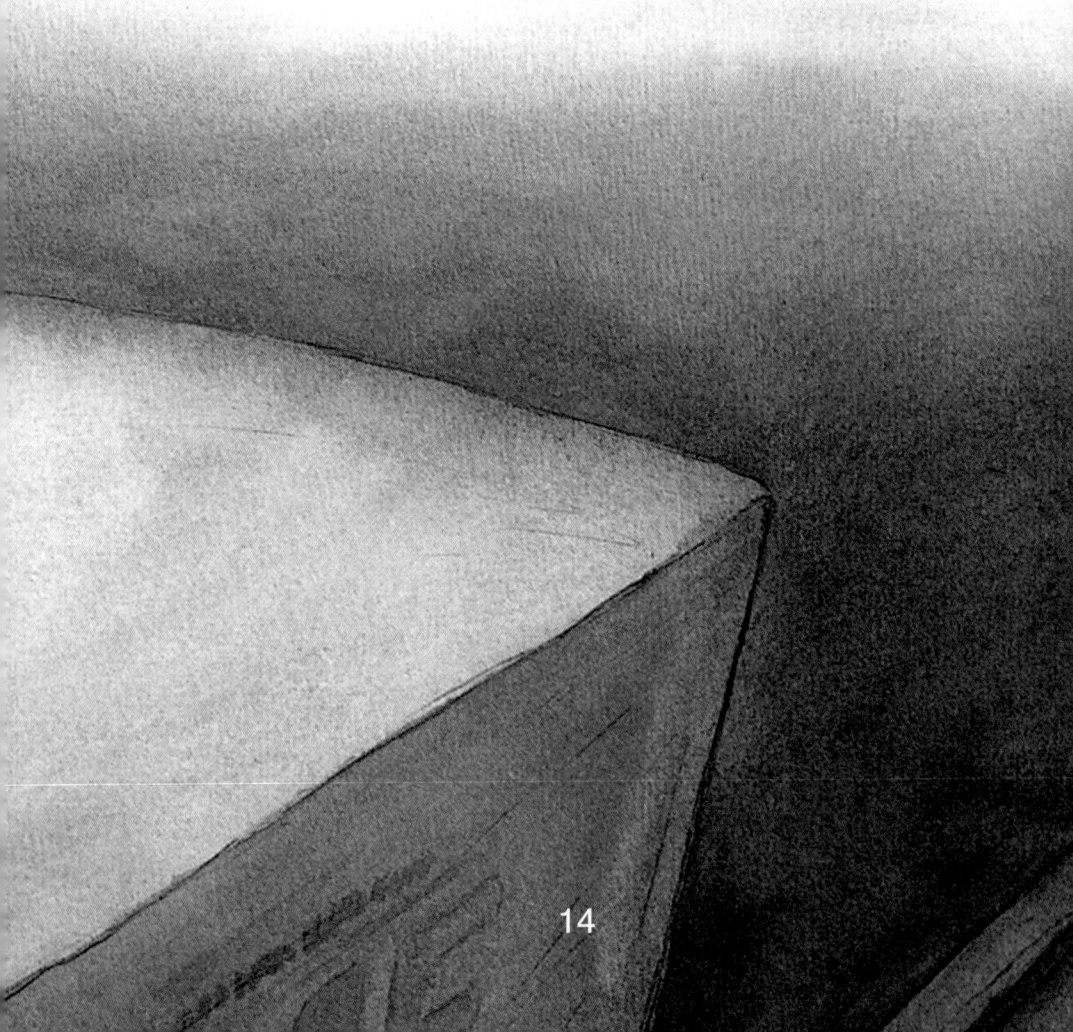

Einer der Männer schiebt die Hände in
die Hosentaschen und sieht prüfend an der
Fensterfront des Hauses hoch.

Moritz duckt sich blitzschnell. Haben die
Männer etwa Verdacht geschöpft? Hoffentlich
haben sie mich nicht bemerkt, denkt er.

Vielleicht ist der Mann unterm Dach
ein Agent oder ein Spion? Spione
sind gefährlich. Die können mit
Kameras aus den Knopflöchern
Fotos schießen. Oder sie
haben geheime Botschaften
im Absatz versteckt. Das
kennt man ja.

Moritz fröstelt. Rasch
kriecht er ins Bett. Er
hat eiskalte Füße.
Seine Hausschuhe
hat er an der Flur-
tür vergessen.

2. Aufregende Beobachtungen

Genau ein Stockwerk unter Moritz Plustermann schläft Pauline Körner. Tief und fest. Das ist ihr Pech. Denn so bekommt sie von den aufregenden Ereignissen nichts mit. Pauline ist acht Jahre alt und geht in dieselbe Klasse wie Moritz.

Moritz klingelt jeden Morgen bei Körners, um Pauline zur Schule abzuholen. Diesmal kann er es nicht erwarten und läutet zehn Minuten früher als sonst.

Körners sitzen noch beim Frühstück.

„Heute Nacht hat der Mann, der unterm Dach wohnt, ziemlich komische Sachen bekommen!", berichtet Moritz.

„Der Mann heißt Herr Leon", sagt Frau Körner. „Gestern hat er seinen Namen unten auf das Klingelschild geschrieben."

„Weil er gewusst hat, dass heute Nacht Leute kommen", sagt Moritz.

„Und woher weißt *du* das?", erkundigt sich Paulines Vater.

„Siebter Sinn oder so was. Ich konnte nicht schlafen", sagt Moritz. „Und da hab ich es eben gesehen."

„Wohl zu viele Krimis geguckt, wie?", sagt Paulines Papa und beißt in einen Toast mit Erdbeermarmelade.

„Leon ist ein komischer Name", findet Pauline.

„Das ist spanisch und heißt Löwe", sagt
Papa Körner.

„Der Mann kommt mir wirklich spanisch vor",
sagt Moritz. „Bekommt mitten in der Nacht
Sachen. Das ist doch nicht normal, oder?"

„Warum nicht? Vielleicht kommen seine Möbel von weit her, und die Möbelpacker haben es nicht schneller geschafft", überlegt Paulines Mama. „Verkehrsstau. Eine Panne oder so. Und wenn er aus Spanien kommt …"

„Das waren keine normalen Möbelpacker …", murmelt Moritz.

„Kinder, ihr müsst los", mahnt Paulines Papa. „Schon zehn vor acht!"

Die beiden ziehen ab und poltern die Treppe hinunter. Da ist es sieben vor acht.

„Ich wette, er ist Waffenhändler", sagt Moritz, als sie bei der Schule um die Ecke biegen. „Wozu braucht er sonst ein Kanonenrohr?"

„Ein Kanonenrohr? Vielleicht will er auf Spatzen schießen", kichert Pauline.

„Quatsch", sagt Moritz. „Wir sollten ihn im Auge behalten. Irgendwas stimmt bei dem nicht. Ich tippe auf Spion."

„Mist! Es klingelt schon. Wir müssen rennen", ruft Pauline.

„He, Moritz! Ich hab diesen Spion gesehen",
sagt Pauline am nächsten Tag. „Im Super-
markt. Mit Hut, Sonnenbrille und Handschuhen.
Und er ging am Stock."

„Alles Tarnung", sagt Moritz fachkundig. „Als meine Eltern neulich weg waren, hab ich einen Agentenfilm gesehen, da war im Spazierstock eine Waffe versteckt."

„Spione kennen gute Tricks", sagt Pauline. „Das gehört zu ihrem Beruf."

„Weißt du was? Wir sollten ein Protokoll führen und alles Verdächtige aufschreiben", schlägt Moritz vor.

Am Nachmittag erzählen sie Philipp und Julia, den Geschwistern aus dem Nachbarhaus, von ihren aufregenden Beobachtungen.

„Acht Augen sehen mehr als vier", sagt Moritz. „Ihr könntet uns helfen. Wollt ihr unsere Hilfsdetektive sein?"

„Klar", sagt Julia. „Ich hab sogar ein Fernglas. Von meinem Opa."

„Und ich eine Lupe. Vom Briefmarkensammeln", sagt Philipp.

3. Der verdächtige Agentenhund

Die nächste wichtige Entdeckung macht Julia.

„Seht mal! Da vorne steht er beim Zeitungskiosk", flüstert sie und hält Moritz am Ärmel fest. „Schau doch durchs Fernglas!"

„Mann, unser Agent hat sich einen Hund angeschafft", sagt Moritz und pfeift anerkennend durch die Zähne.

„Ein Spürhund vermutlich", sagt Philipp.

„Er ist nicht sehr groß und bestimmt kein Rassehund. Aber er sieht ziemlich intelligent aus", berichtet Moritz und presst das Glas an die Augen. „Er hat eben beim Blumenladen an das Regenrohr gepinkelt."

„Und das findest du intelligent?", fragt Pauline.

„Ach Quatsch! Aber Leon hat am Kiosk eine Zeitung gekauft und der Hund trägt sie jetzt nach Hause. Ein doofer Hund macht das nicht."

„Achtung! Sie kommen!", warnt Julia.

Die vier verstecken sich schnell hinter den Mülltonnen. Gespannt beobachten sie, wie Herr Leon und sein Hund vorbeilaufen.

31

Herr Leon trägt Hut, Sonnenbrille und Handschuhe. Der Hund eine spanische Zeitung.

„Handschuhe! Bei dem Wetter! Der spinnt",
flüstert Julia.

„Wegen der Fingerabdrücke, du Dussel",
wispert Pauline.

„Habt ihr das eben gehört? Herr Leon hat ‚Sitz, Watson!‘ zu dem Hund gesagt", sagt Philipp aufgeregt. „Das hab ich ganz deutlich gehört!"

Der Hund sitzt jetzt brav an der Bordsteinkante und wartet, bis die Autos vorbeigefahren sind. Dann überquert er mit Herrn Leon die Straße.

„Du meinst – der Hund heißt so wie der Dr. Watson von Sherlock Holmes?", fragt Moritz.

Philipp nickt.

„Ein spanischer Agent, der einen Hund hat, der wie ein englischer Detektiv heißt. Das ist schon seltsam", überlegt Moritz. „Ich finde, wir sollten den Fall unbedingt weiterverfolgen."

4. Das geheimnisvolle Paket

Am nächsten Tag ist Herr Leon von der Bild-
fläche verschwunden.

„Wie vom Erdboden verschluckt", findet
Julia.

„Vielleicht ist er verreist?", vermutet Philipp.

„Meine Mutter hat gesagt, er hat am Morgen
den Hund ausgeführt, als wir in der Schule
waren", berichtet Pauline. „Und er hat sie
freundlich gegrüßt!"

„Alles nur Tarnung", sagt Moritz.

Und dann kommt ein Paket für Herrn Leon.
Der Paketbote fragt, ob er es dalassen darf,
damit er nicht noch mal in den vierten Stock
laufen muss.

„Na klar", sagt Frau Plustermann.

Als Moritz nach Hause kommt, steht es
im Flur.

„Ist es – ist es für den da oben?", fragt Moritz und deutet mit dem Daumen über die Schulter.

„Ist es", sagt seine Mutter. „Was ist schon dabei? Herr Leon ist schließlich unser Nach-bar!"

Mama ist ahnungslos, denkt Moritz. „Und wenn eine Bombe drin ist?"

„Moritz, du hast zu viel Fantasie", sagt seine Mutter.

„Aber ich höre, wie es da drin tickt", sagt
Moritz.

„Ich glaube, bei dir tickt's!", meint Mama.
Trotzdem drückt sie ihr Ohr an das Paket.
Und dann wird sie blass. In dem Paket tickt es
wirklich!

„Soll ich die Polizei anrufen oder die Feuer-
wehr?", fragt Moritz und greift nach dem Hörer.

In diesem Augenblick klingelt es. Jemand ist an der Wohnungstür. Beide starren zur Tür. Mama öffnet. Herr Leon steht draußen.

Der Spion! Mann, ist der cool!, denkt Moritz. Da steht er doch wahrhaftig und fragt nach seinem Paket!

„Ich habe die Benachrichtigung im Brief-
kasten gefunden", sagt Herr Leon. „Vielen
Dank!"

Passen Sie auf, da ist eine Bombe drin!,
will Moritz sagen, aber die Worte bleiben
ihm im Hals stecken.

Herr Leon hat den Hut abgenommen. Und
als er sich nach dem Paket bückt, verrutscht
seine PERÜCKE!

Boah! Er hat eine Perücke auf! Das ist
Tarnung total!, denkt Moritz. Das muss ich
unbedingt den anderen erzählen.

Frau Plustermann ist froh, als das Paket weg ist, und sie sagt zu Moritz: „Du kannst einem richtig Angst machen mit deinen verrückten Geschichten. Um ein Haar wäre ich darauf hereingefallen."

„Tausend Tricks der Tarnung! Und du erkennst es nicht", murmelt Moritz. Dann geht er zu Pauline.

Pauline ist total beeindruckt, als Moritz ihr
von dem Bombenpaket und der Perücke erzählt.
Sie beschließen weiterzuermitteln. Aber es
passiert nichts. Drei Tage lang wird Herr Leon
nicht gesehen.

„Vielleicht war das Paket gefährlicher als wir dachten", sagt Moritz.

„Wenn eine Bombe explodiert wäre, hätten es alle gehört", meint Julia.

„Vielleicht waren vergiftete Pralinen drin", vermutet Philipp.

„Pralinen ticken nicht", sagt Pauline.

5. Die Mutprobe

Als Moritz und Pauline am nächsten Tag aus der Schule kommen, steht ein Wagen vor der Tür. Moritz kennt den Wagen. Er gehört Dr. Schwalbe. Der war auch da, als Papa so schlimm Grippe hatte. Ein netter Arzt. Jetzt steht er bei seiner Mutter.

„Wir werden uns um ihn kümmern", sagt Frau Plustermann gerade.

Als Dr. Schwalbe Moritz sieht, sagt er: „Moritz, wie gut, dass ich dich noch treffe. Vielleicht könntest du mit dem Hund von Herrn Leon spazieren gehen? Er ist krank."

„Der arme Hund", sagt Moritz.

„Nein, Herr Leon ist krank. Deshalb kann er nicht mit seinem Hund rausgehen."

Moritz nickt wortlos.

„Klar! Unser Moritz macht das gern", sagt Frau Plustermann.

Moritz sträubt sich. Aber seine Mutter besteht darauf, dass er gleich mit ihr zu Herrn Leon geht und den Hund holt.

Herr Leon liegt im Bett. Und seine Perücke ist wieder verrutscht. „Ich hatte vor einiger Zeit einen schweren Autounfall", erklärt er. „Und dann der Umzug … Das hat mich wohl zu sehr angestrengt. Jetzt liege ich auf der Nase."

„Ich bringe Ihnen nachher was zu essen rauf, damit Sie wieder zu Kräften kommen", sagt Frau Plustermann. „Und Moritz geht mit dem Hund raus."

„Ich bin Ihnen allen sehr dankbar", sagt Herr Leon.

47

Moritz nimmt den Hund und läuft die Treppe hinunter. Er klingelt bei Pauline und erzählt ihr, was los ist.

„Ich gehe doch nicht mit einem spanischen Agentenköter Gassi!", sagt Pauline.

„Warum nicht?", fragt Moritz. „Wenn wir den Hund zurückbringen, haben wir eine Gelegenheit, uns unauffällig in seiner Wohnung umzusehen."

Der Hund heißt wirklich Watson, und er freut sich, dass die Kinder mit ihm auf die große Wiese gehen. So toll hat schon lange keiner mehr mit ihm gespielt.

„Eigentlich ein netter Hund", findet Moritz.

„Er kann ja nichts dafür, wenn sein Herrchen Waffen schmuggelt", murmelt Pauline und krault Watson hinter den Ohren.

„Weißt du was? Wir gehen morgen wieder mit ihm raus. Holst du mich ab?", schlägt Pauline vor.

„Na klar", sagt Moritz. „Aber jetzt kommt erst einmal der gefährliche Teil: Wir müssen Watson wieder zurückbringen."

„Kommst du mit hoch?", fragt Moritz, als sie im ersten Stock angelangt sind.

Pauline nickt.

Im zweiten Stock wartet Frau Plustermann. „Wo bleibt ihr denn so lange?", fragt sie aufgeregt. „Herr Leon hat sich schon Sorgen gemacht! Ich war eben oben. Hier ist der Schlüssel. Dann braucht er nicht aus dem Bett, wenn ihr kommt."

Watson rennt freudig voraus. Moritz und Pauline laufen zögernd hinterher.

„Auf geht's: in die Höhle des Löwen", murmelt Pauline.

„Ich hab ein bisschen Angst", flüstert Moritz. Er schließt die Tür auf.

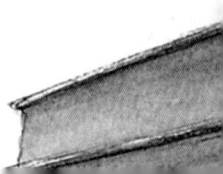

6. Der Sarg mit schwarzen Tasten

Herr Leon bedankt sich bei Moritz und Pauline
für das Hundeausführen. Er erzählt ihnen, dass
er bei seinem Autounfall am Kopf verletzt
worden ist und deshalb eine Perücke trägt, bis
die Haare wieder nachwachsen.

„Sind Sie viel mit dem Auto unterwegs?",
erkundigt sich Moritz.

„Ja, das hängt mit meinem Beruf zusammen",
sagt Herr Leon.

„Sind Sie Rennfahrer?", fragt Pauline.

„Nein", antwortet Herr Leon und lächelt. „Ich
bin Musiker und viel auf Reisen. Ich hoffe, dass
ich bald wieder spielen kann." Er deutet auf das
Klavier.

Moritz erkennt den schwarzen Kasten, den er für einen Sarg gehalten hat, und bekommt einen roten Kopf.

„Sie müssen also Handschuhe tragen, weil …", beginnt Pauline.

„Ja, ich muss meine Hände schützen …"

In diesem Augenblick klingelt der Wecker auf dem Nachttisch.

Herr Leon greift danach und sagt: „Das ist noch ein ganz altmodischer. Ich hab ihn mir extra nachschicken lassen, weil ich meinen Radiowecker mit den verletzten Händen nur schwer einstellen kann."

„Der war wohl in dem Paket?", fragt Moritz verlegen.

„Ja, richtig", sagt Herr Leon. „Ich stelle ihn mehrmals täglich, damit ich meine Medikamente nicht vergesse."

Watson kommt angelaufen und springt schwanzwedelnd am Bett hoch.

„Du bist der Beste", sagt Herr Leon und krault ihn am Kopf. „Er ist ein treuer Freund. Na ja, und dann sind da noch meine Millionen fernen Freunde: die Sterne!" Herr Leon lächelt.

Er steht vorsichtig auf, schlüpft in den Bademantel und öffnet die Tür zum Nebenzimmer.

„Die Kanone", entfährt es Moritz.

„Was sagst du?", fragt Herr Leon.

„Äh, nichts", sagt Moritz verlegen.

„Das ist ja ein richtiges Fernrohr!", ruft Pauline überrascht.

„Kann man damit bis zum Mond sehen?", erkundigt sich Moritz.

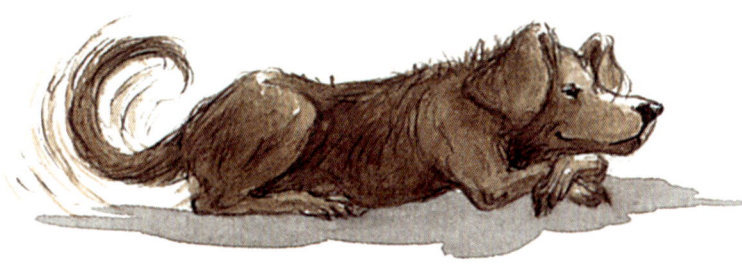

„Viel weiter! Kommt heute Abend. Wenn der Himmel klar ist, könnt ihr den Mond zum Greifen nah sehen."

7. Sternstunde

Neugierig steigen Pauline und Moritz nach dem Abendessen zu ihrem „Spion" unterm Dach hinauf.

Herr Leon erzählt ihnen von den Geheimnissen ferner Sterne und Planeten, die Millionen Lichtjahre entfernt sind. Er erklärt ihnen, wie die Meere auf dem Mond heißen. Er zeigt ihnen den Polarstern, den Kleinen Bären, den Großen Bären und die Milchstraße.

Pauline und Moritz sehen weit hinaus ins Weltall. Aber sie sehen auch das, was in ihrer Nähe ist, mit ganz anderen Augen: ihren neuen Freund und Nachbarn Herrn Leon.

Über die Autorin

Ursel Scheffler (Ursel heißt „der kleine Bär")
wurde im Sternzeichen des Löwen geboren.
Aber sie hat auch eine Vorliebe für Füchse
und andere vier- und zweibeinige Pfiffikusse –
wie jeder an der Geschichte von Moritz, dem
Detektiv, sehen kann.

Als sie während eines Juligewitters in der
Spielzeugstadt Nürnberg geboren wurde, hat
ihr eine gute Fee zwischen Blitz und Donner
viel Fantasie und die Gabe zum Geschichten-
erzählen in die Wiege gelegt. Deshalb schreibt
sie Kinderbücher. Über 300 sind es schon und
man kann sie in vielen verschiedenen Sprachen
lesen.

Über die Illustratorin

Christa Unzner wurde 1958 in Schöneiche bei Berlin geboren. Sie wollte eigentlich Ballett-tänzerin werden, hat aber zunächst eine Lehre als Schaufensterdekorateurin gemacht und dann Gebrauchsgrafik studiert.

Seit 1982 arbeitet Christa Unzner freischaf-fend und illustriert vorwiegend Kinder- und Bilderbücher. Sie liebt Märchen und „Alice im Wunderland", lebt in Berlin und reist gern in den Süden.